中华人民共和国
印 花 税 法

中国法制出版社

中华人民共和国印花税法

ZHONGHUA RENMIN GONGHEGUO YINHUASHUIFA

经销/新华书店

印刷/河北鑫兆源印刷有限公司

开本/850 毫米×1168 毫米　32 开　　印张/0.5　字数/5 千

版次/2021 年 6 月第 1 版　　2021 年 6 月第 2 次印刷

中国法制出版社出版

书号 ISBN 978-7-5216-1930-0　　定价：4.00 元

北京西单横二条 2 号

邮政编码 100031　　传真：010-66031119

网址：http://www.zgfzs.com　　编辑部电话：010-66066621

市场营销部电话：010-66033393　　邮购部电话：010-66033288

（如有印装质量问题，请与本社印务部联系调换。电话：010-66032926）

目　　录

中华人民共和国主席令

第八十九号

《中华人民共和国印花税法》已由中华人民共和国第十三届全国人民代表大会常务委员会第二十九次会议于2021年6月10日通过，现予公布，自2022年7月1日起施行。

中华人民共和国主席　习近平

2021年6月10日

中华人民共和国印花税法

（2021 年 6 月 10 日第十三届全国人民代表大会
常务委员会第二十九次会议通过）

第一条　在中华人民共和国境内书立应税凭证、进行证券交易的单位和个人，为印花税的纳税人，应当依照本法规定缴纳印花税。

在中华人民共和国境外书立在境内使用的应税凭证的单位和个人，应当依照本法规定缴纳印花税。

第二条　本法所称应税凭证，是指本法所附《印花税税目税率表》列明的合同、产权转移书据和营业账簿。

第三条　本法所称证券交易，是指转让在依法设立的证券交易所、国务院批准的其他全国性证券交易场所交易的股票和以股票为基础的存托凭证。

证券交易印花税对证券交易的出让方征收，不对受让方征收。

第四条　印花税的税目、税率，依照本法所附《印花税税目税率表》执行。

第五条 印花税的计税依据如下：

（一）应税合同的计税依据，为合同所列的金额，不包括列明的增值税税款；

（二）应税产权转移书据的计税依据，为产权转移书据所列的金额，不包括列明的增值税税款；

（三）应税营业账簿的计税依据，为账簿记载的实收资本（股本）、资本公积合计金额；

（四）证券交易的计税依据，为成交金额。

第六条 应税合同、产权转移书据未列明金额的，印花税的计税依据按照实际结算的金额确定。

计税依据按照前款规定仍不能确定的，按照书立合同、产权转移书据时的市场价格确定；依法应当执行政府定价或者政府指导价的，按照国家有关规定确定。

第七条 证券交易无转让价格的，按照办理过户登记手续时该证券前一个交易日收盘价计算确定计税依据；无收盘价的，按照证券面值计算确定计税依据。

第八条 印花税的应纳税额按照计税依据乘以适用税率计算。

第九条 同一应税凭证载有两个以上税目事项并分别列明金额的，按照各自适用的税目税率分别计算应纳税额；未分别列明金额的，从高适用税率。

第十条 同一应税凭证由两方以上当事人书立的，

按照各自涉及的金额分别计算应纳税额。

第十一条 已缴纳印花税的营业账簿，以后年度记载的实收资本（股本）、资本公积合计金额比已缴纳印花税的实收资本（股本）、资本公积合计金额增加的，按照增加部分计算应纳税额。

第十二条 下列凭证免征印花税：

（一）应税凭证的副本或者抄本；

（二）依照法律规定应当予以免税的外国驻华使馆、领事馆和国际组织驻华代表机构为获得馆舍书立的应税凭证；

（三）中国人民解放军、中国人民武装警察部队书立的应税凭证；

（四）农民、家庭农场、农民专业合作社、农村集体经济组织、村民委员会购买农业生产资料或者销售农产品书立的买卖合同和农业保险合同；

（五）无息或者贴息借款合同、国际金融组织向中国提供优惠贷款书立的借款合同；

（六）财产所有权人将财产赠与政府、学校、社会福利机构、慈善组织书立的产权转移书据；

（七）非营利性医疗卫生机构采购药品或者卫生材料书立的买卖合同；

（八）个人与电子商务经营者订立的电子订单。

根据国民经济和社会发展的需要，国务院对居民住房需求保障、企业改制重组、破产、支持小型微型企业发展等情形可以规定减征或者免征印花税，报全国人民代表大会常务委员会备案。

第十三条 纳税人为单位的，应当向其机构所在地的主管税务机关申报缴纳印花税；纳税人为个人的，应当向应税凭证书立地或者纳税人居住地的主管税务机关申报缴纳印花税。

不动产产权发生转移的，纳税人应当向不动产所在地的主管税务机关申报缴纳印花税。

第十四条 纳税人为境外单位或者个人，在境内有代理人的，以其境内代理人为扣缴义务人；在境内没有代理人的，由纳税人自行申报缴纳印花税，具体办法由国务院税务主管部门规定。

证券登记结算机构为证券交易印花税的扣缴义务人，应当向其机构所在地的主管税务机关申报解缴税款以及银行结算的利息。

第十五条 印花税的纳税义务发生时间为纳税人书立应税凭证或者完成证券交易的当日。

证券交易印花税扣缴义务发生时间为证券交易完成的当日。

第十六条 印花税按季、按年或者按次计征。实行按季、按年计征的，纳税人应当自季度、年度终了之日起十五日内申报缴纳税款；实行按次计征的，纳税人应当自纳税义务发生之日起十五日内申报缴纳税款。

证券交易印花税按周解缴。证券交易印花税扣缴义务人应当自每周终了之日起五日内申报解缴税款以及银行结算的利息。

第十七条　印花税可以采用粘贴印花税票或者由税务机关依法开具其他完税凭证的方式缴纳。

印花税票粘贴在应税凭证上的，由纳税人在每枚税票的骑缝处盖戳注销或者画销。

印花税票由国务院税务主管部门监制。

第十八条　印花税由税务机关依照本法和《中华人民共和国税收征收管理法》的规定征收管理。

第十九条　纳税人、扣缴义务人和税务机关及其工作人员违反本法规定的，依照《中华人民共和国税收征收管理法》和有关法律、行政法规的规定追究法律责任。

第二十条　本法自 2022 年 7 月 1 日起施行。1988 年 8 月 6 日国务院发布的《中华人民共和国印花税暂行条例》同时废止。

附

印花税税目税率表

税　目		税　率	备　注
合同（指书面合同）	借款合同	借款金额的万分之零点五	指银行业金融机构、经国务院银行业监督管理机构批准设立的其他金融机构与借款人（不包括同业拆借）的借款合同
	融资租赁合同	租金的万分之零点五	
	买卖合同	价款的万分之三	指动产买卖合同（不包括个人书立的动产买卖合同）
	承揽合同	报酬的万分之三	
	建设工程合同	价款的万分之三	
	运输合同	运输费用的万分之三	指货运合同和多式联运合同（不包括管道运输合同）
	技术合同	价款、报酬或者使用费的万分之三	不包括专利权、专有技术使用权转让书据
	租赁合同	租金的千分之一	
	保管合同	保管费的千分之一	
	仓储合同	仓储费的千分之一	
	财产保险合同	保险费的千分之一	不包括再保险合同

续表

税　目		税　率	备　注
产权转移书据	土地使用权出让书据	价款的万分之五	转让包括买卖（出售）、继承、赠与、互换、分割
	土地使用权、房屋等建筑物和构筑物所有权转让书据（不包括土地承包经营权和土地经营权转移）	价款的万分之五	
	股权转让书据（不包括应缴纳证券交易印花税的）	价款的万分之五	
	商标专用权、著作权、专利权、专有技术使用权转让书据	价款的万分之三	
营业账簿		实收资本（股本）、资本公积合计金额的万分之二点五	
证券交易		成交金额的千分之一	

关于《中华人民共和国印花税法（草案）》的说明

——2021年2月27日在第十三届全国人民代表大会常务委员会第二十六次会议上

财政部部长　刘　昆

全国人民代表大会常务委员会：

我受国务院委托，现对《中华人民共和国印花税法(草案)》作说明。

1988年8月，国务院发布《中华人民共和国印花税暂行条例》（以下简称《暂行条例》），规定在中华人民共和国境内书立或者领受合同、产权转移书据、营业账簿和权利、许可证照等应税凭证的单位和个人应当缴纳印花税。1992年，国家统一对上海证券交易所、深圳证券交易所的股票交易征收印花税。2018年，国务院同意对存托凭证的出让方征收印花税。《暂行条例》施行以来，印花税运行平稳。1988年至2019年，全国累计征收印花税26112亿元。其中，一般印花税收入10817亿元，占比41.43%；证券交易印花税收入15295亿元，占比58.57%；2019年，全国印花税收入为2463亿元。

《中共中央关于全面深化改革若干重大问题的决定》提出“落实税收法定原则”。为贯彻落实党中央、国务院决策部署，推动完善税收法律制度，提高印花税规范化、法治化水平，减少自由裁量权，使税收征管更加科学规范，财政部、税务总局在广泛调研、听取各有关方面意见并向社会公开征求意见的基础上，起草了《中华人民共和国印花税法（送审稿）》。司法部充分征求各方面意见，会同财政部、税务总局对送审稿作了修改完善，形成了《中华人民共和国印花税法（草案）》（以下简称草案）。草案已经国务院常务会议讨论通过。现说明如下：

一、立法的总体思路

从实际执行情况看，印花税税制要素基本合理，运行比较平稳。制定印花税法，总体上按照税制平移的思路，保持现行税制框架和税负水平基本不变，将《暂行条例》和证券交易印花税有关规定上升为法律。同时，根据实际情况对部分内容作了必要调整，适当简并税目、降低部分税率。

二、草案的主要内容

草案共20条，主要规定了以下内容：

（一）纳税人。在中华人民共和国境内书立应税凭证或者进行证券交易的单位和个人为印花税的纳税人。证券交易印花税对证券交易的出让方征收，不对受让方征收。

（二）征税范围。草案所附《印花税税目税率表》列明的合同、产权转移书据、营业账簿和证券交易为印花税的征税范围，应当依法缴纳印花税。

（三）税目税率。基本维持现行税率水平，适当简并税目税率、减轻税负。一是借款合同、买卖合同、技术合同、证券交易等税目维持现行税率不变；二是将《暂行条例》中加工承揽合同、建设工程勘察设计合同、货物运输合同的税率由万分之五降为万分之三；三是将营业账簿的税率由万分之五降为万分之二点五；四是取消对权利、许可证照每件征收5元印花税的规定。

（四）计税依据和应纳税额。应税凭证的计税依据为合同和产权转移书据所列的金额、营业账簿记载的金额，证券交易的计税依据为证券交易成交金额。印花税的应纳税额按照计税依据乘以适用税率计算。

（五）税收优惠。总体维持现行税收优惠政策不变，在保留《暂行条例》中免税规定的同时，将现行有关文件规定的部分税收优惠政策上升为法律。同时规定，根据国民经济和社会发展的需要，国务院可以规定减征或者免征印花税的情形，报全国人民代表大会常务委员会备案。

此外，草案还对印花税的纳税地点、扣缴义务人、计征方式、印花税票的使用管理等税收征管事项作了规定。

草案和以上说明是否妥当，请审议。